LE

DROIT DE DÉFENSE

DEVANT LES

TRIBUNAUX DE COMMERCE

Par Gustave CRUCHON

DOCTEUR EN DROIT

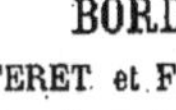

PARIS

A. DURAND et PEDONE-LAURIEL,
éditeurs,
libraires de la Cour d'Appel et de
l'Ordre des Avocats.
G. PEDONE-LAURIEL, SUCCESSEUR,
13, rue Soufflot, 13.

BORDEAUX

FERET et FILS, éditeurs,
libraires de la Faculté de Droit de
Bordeaux.
15, cours de l'Intendance.

1879

LE

DROIT DE DÉFENSE

DEVANT LES

TRIBUNAUX DE COMMERCE

Par Gustave CRUCHON

DOCTEUR EN DROIT

PARIS

A. DURAND et PEDONE-LAURIEL,
éditeurs,

libraires de la Cour d'Appel et de
l'Ordre des Avocats

G. PEDONE-LAURIEL, SUCCESSEUR,
13, rue Soufflot, 13.

BORDEAUX

FERET et FILS, éditeurs,

libraires de la Faculté de Droit de
Bordeaux.

15, cours de l'Intendance.

1879

BORDEAUX. — IMPRIMERIE VEUVE J. PECHADE.

LE DROIT DE DÉFENSE

DEVANT LES TRIBUNAUX DE COMMERCE

Monsieur le Président de la République,

Messieurs les Ministres,

Messieurs les Sénateurs,

Messieurs les Députés,

Si les lois doivent être observées et obéies, c'est surtout sous une République; et, quand les infractions qui y sont commises, ont pour but la violation de l'égalité et la création de priviléges, elles doivent être aussitôt réprimées. C'est alors non seulement un droit, mais encore un devoir pour tout citoyen de signaler ces infractions à l'autorité supérieure et régulatrice du Gouvernement. C'est ce droit que nous venons exercer, c'est ce devoir que nous venons remplir devant le Conseil des Ministres, devant le Sénat, devant la Chambre des députés, devant le pays.

Au nom de la loi méconnue et violée, nous demandons que toutes les délibérations prises par les tribunaux de commerce, dans le but de créer un corps d'agréés, de régler leur nombre, leur costume, le serment qu'ils doivent prêter, le tarif de leurs émoluments, la dispense de la légalisation de leurs pouvoirs, la vénalité de leurs charges ou d'établir des priviléges contraires à la loi, soient déclarées nulles, comme constituant un empiétement sur les droits du pouvoir administratif; nulles, comme ayant le caractère de décisions générales et réglementaires; et que le gouvernement, après avoir proclamé leur nullité, prenne des mesures énergiques, afin qu'elles demeurent sans effet, tant qu'une loi nouvelle ne leur aura pas donné une valeur juridique, si toutefois il est permis de légitimer des abus déplorables.

Et, dans le cas où le législateur jugerait utile, non plus de confirmer la loi actuelle, mais de la modifier, nous avons l'honneur de proposer :

1º Que, tout au moins les licenciés en droit, ayant fait leur stage d'avocats, soient admis de droit à la défense devant les tribunaux de commerce;

2º Que la simple remise des pièces au défenseur constitue à son égard, présomption d'une procuration dont les droits seront perçus dans le jugement;

3º Que ces droits soient également perçus sur le pouvoir verbal de la partie assistant le mandataire à l'audience.

Ce n'est pas la première fois que l'opinion publique est mise en éveil par la question des agréés et qu'un magistrat ou un citoyen s'adresse à la sollicitude du législateur, pour faire cesser les intolérables abus, les excès de pouvoir regrettables de la justice consulaire en France.

Les autorités supérieures du Gouvernement ont tour à tour condamné certaines de ces illégalités.

En 1820, le garde des sceaux, sur l'avis du Conseil d'État, rappelait le tribunal de Lyon à l'obligation des pouvoirs spéciaux. En 1821, il refusait, en général, d'approuver la nomination d'agréés, faite par un tribunal de commerce. En 1845, il réprimait la violation de la loi des tarifs. Je ne parlerai pas de l'avis du Conseil d'État du 9 mars 1825 ; de l'ordonnance du 10 mars de la même année ; de la lettre du Procureur général de Paris, du 29 Juin 1829 ; des arrêts de la Cour de cassation des 5 septembre 1814, 19 juillet 1827, 17 Janvier 1842, 22 juillet 1847, 16 mars 1852, ni de l'arrêt de la Cour de Rouen, du 20 juillet 1867 ; On y verrait cependant que la possession des charges d'agréés, n'a jamais été une possession paisible ; que tous leurs privilèges ont été à juste titre condamnés par des décisions motivées en droit et en équité. J'ai hâte d'arriver à un arrêt solennel entre tous, et à la procédure plus solennelle encore qui fut instruite au Sénat.

En 1850, le Procureur général près la Cour de cassation, Dupin, était chargé de requérir, dans l'intérêt de la loi, l'annulation, pour excès de pouvoir, de quatre délibérations, prises par le tribunal de commerce d'Alger ; et, la Cour de cassation, faisant droit sur les réquisitions du procureur général, déclarait nulles et non avenues les délibérations du tribunal de commerce d'Alger du 31 janvier, des 21, 23 et 28 février 1850.

Le 30 avril 1862, le président Bonjean, après un rapport magistral sur une pétition présentée au Sénat pour la cessation des illégalités introduites dans la défense devant les tribunaux de commerce, obtenait le renvoi de cette pétition au ministre de la Justice ; et, le 19 mai, le Ministre de la Justice répondait en ces termes au renvoi ordonné par le Sénat : « La commission instituée pour la réforme du Code de procédure civile, aura à examiner cette question qui se rattache à la procédure devant les tribunaux de commerce. »

Enfin, le 4 mai 1862, M. Boinvillers, rapporteur

d'une demande d'enquête sur l'opportunité de maintenir ou de supprimer les agréés prés les tribunaux de
commerce, faisant allusion à la déclaration du ministre, du 19 mai 1861, prononçait à la tribune du Sénat
les paroles suivantes :

« Aujourd'hui, le Gouvernement, consulté par nous,
» répond à peu près dans les mêmes formes, que M. le
» garde des sceaux fait étudier cette question avec celles
» qui se rattachent à la procédure devant les tribu-
» naux civils et de commerce. »

Depuis ce jour, le silence s'est fait sur la question
des agréés et les pétitions dorment encore oubliées
dans les cartons du ministère. Si les démarches, tantôt essayées par l'initiative privée, tantôt entreprises
par la haute magistrature, dans l'intérêt de la loi, n'ont
pas eu de suite, c'est probablement grâce à des influences qui ne sauraient persister sous le régime actuel.

Où en est maintenant la procédure déjà commencée.
Le rechercher serait perdre un temps précieux ; mieux
vaut, par une nouvelle pétition et par la rédaction d'un
mémoire, mettre une autre fois encore l'affaire en état
et prendre enfin une utilité devant le Gouvernement et
les Chambres législatives. C'est pourquoi je me suis
décidé à exposer avec quelques détails, la situation
faite à la défense par les tribunaux de commerce et à
soumettre à l'appréciation souveraine du législateur,
des réflexions qu'il saura, sans nul doute, approfon-
dir et rendre fructueuses.

Je ne ferai pas l'histoire des agréés ; elle est celle de
la désobéissance à la loi. Des plumes, plus savantes et
plus habiles que la mienne, l'ont racontée. Dupin et
Bonjean ont traité cette partie de mon sujet, comme ils
savaient traiter les questions de droit. Je ne repren-
drai pas ce travail après de tels maîtres. Les agréés
existent ; mais, leur existence est illégale. Et, sans m'oc-

cuper de l'origine et du développement de cette institution, je crois qu'il suffit à la cause que je viens défendre, de signaler les vices et les illégalités, de montrer
les inconvénients et les dangers de pareils abus, et
d'indiquer les moyens de les faire disparaître, tout en
sauvegardant jusqu'au scrupule les intérêts de chacun.

Les dispositions de l'art. 627 du Code de commerce
interdisent formellement le ministère des avoués devant les juges-consuls, accordant à tout plaideur la
faculté de se faire représenter par tel mandataire de
son choix ; et, l'État, n'établissant aucune distinction
entre les mandataires agréés et non agréés, leur fait
payer la même patente.

Voilà le droit !

Mais, en fait, que se passe-t-il ? Ces prescriptions for-
melles de la loi sont manifestement violées au profit de
certains privilégiés, par bon nombre de tribunaux de
commerce qui trouvent le moyen d'établir des distinc-
tions, là où la loi n'en fait aucune. Des juridictions
consulaires ont organisé, à leur convenance, de véri-
tables corps d'officiers ministériels, sous le nom
amical de défenseurs agréés, sans négliger d'ailleurs
d'employer divers moyens détournés pour confisquer
à leur avantage, la défense exclusive des procès.

C'est ainsi, notamment, qu'à Bordeaux, pour ne
parler que de ce tribunal, six mandataires agréés sont
constitués, sous sa protection, en véritable corporation,
ayant son doyen, son président, son secrétaire et son
trésorier.

C'est ainsi qu'il les a revêtus du costume des avoués,
investis de charges quasi-officielles, transmissibles à
titre onéreux ; qu'il les a soumis à un serment professionnel.

Mais, ce n'est pas tout ; par plusieurs délibérations,
dont l'une à la date du 13 mars 1839, et une autre du

16 Juillet 1874, ce tribunal, disposant par voie réglementaire, a prescrit la légalisation des pouvoirs à
tous les mandataires non agréés, restreignant ainsi
d'une manière générale la liberté accordée aux parties
de se faire représenter par tels mandataires qu'elles
désirent. La délibération du 16 Juillet 1874 est allée
jusqu'à exiger que ces pouvoirs légalisés seraient présentés pour la mise au rôle avec les pièces de la cause ;
ce qui empêche de plus fort le choix d'un mandataire ;
car, les affaires arrivent souvent au moment de l'audience et, dans la plupart des cas, il est matérielle-
ment impossible de faire légaliser assez tôt les pouvoirs. Du reste, il ne sert à rien de réussir de faire
inscrire son affaire par le greffier ; elle est mise im-
pitoyablement hors du rôle par le tribunal et tout est
à recommencer. On ne peut plus reprendre l'introduc-
tion de l'instance que par une nouvelle assignation,
pour laquelle on retrouvera les mêmes difficultés.
L'art. 2 de la délibération du 16 Juillet 1874 dit en effet
ceci : « toute affaire, appelée devant le tribunal et
» pour laquelle les mandataires ne se seront pas con-
» formés aux prescriptions ci-dessus, (c'est-à-dire à
» la légalisation des pouvoirs), sera rayée du rôle par
» le tribunal d'office et ne pourra y être replacée qu'en
» vertu d'un avenir auquel sera joint le pouvoir,
» ainsi qu'il a été expliqué à l'article premier. »

Or, cet article premier est ainsi conçu : « Tout man-
» dataire chargé de représenter devant le tribunal une
» partie en demandant, devra produire au greffier, en
» même temps que l'exploit introductif d'instance à
» inscrire au rôle, son pouvoir légalisé et enregistré
» pour y être visé conformément à l'art. 627 du Code
» de Commerce. »

Naturellement, l'art. 627 du Code de commerce ne
parle nullement de la légalisation, et l'art. 3 de la

délibération dont nous venons de montrer l'économie, en dispense expressément les mandataires agréés. C'est qu'évidemment la légalisation n'a été inventée que pour favoriser le monopole des agréés et aucunement pour protéger les justiciables. C'est ce qui appert clairement de ce qu'elle n'est pas exigée pour représenter dans les faillites, là où le danger est même plus grand, là où un mandataire infidèle ou inhabile, peut, hors de tout contrôle et en toute liberté, porter le plus grand tort à son client ; tandis qu'à l'audience, l'inexpérience et l'incapacité du défenseur, sont suppléées par la surveillance et l'intelligence du tribunal.

Toujours est-il que le plaideur qui s'adressera à un mandataire non agréé, pourra, s'il ne prend pas bien ses mesures, grâce à cet habile moyen de la légalisation, voir son affaire mise hors du rôle deux, trois et quatre fois de suite. C'est à désespérer l'homme le plus énergique. Aussi, à Bordeaux, n'est-il pas un seul défenseur qui ne se soit heurté et brisé à cette barrière de la légalisation.

Dans de pareilles conditions, il est absolument impossible de se consacrer d'une manière spéciale et absolue aux causes commerciales.

Êtes-vous avocat inscrit au tableau ? Le règlement de l'ordre, vous défend, sous peine de radiation, d'accepter des pouvoirs. Vous ne pouvez plaider qu'assisté de la partie elle-même ou de son mandataire. Encore, le tribunal, par une distinction flatteuse mais gênante, fait-il à votre procès les honneurs du grand rôle. Ce ne sera donc que pour les affaires importantes et peu pressées, que l'on appellera un avocat, quant aux autres affaires, les affaires du sommaire, qui, par leur nombre et leur fréquence, peuvent seules permettre un homme de loi, de se constituer une clientéle vraiment commerciale, elles reviennent par la force des choses et par droit de monopole, aux défenseurs agréés.

D'un autre côté, si, par respect pour le réglement de l'ordre des avocats, vous vous faites rayer du tableau, vous tombez infailliblement dans la classe des mandataires déshérités. Quand vous vous présentez au tribunal avec des titres dont l'Etat vous autorise pourtant à faire usage, on vous repousse. Les diplômes de vos facultés de Droit, mais que sont-ils autre chose que des parchemins à encadrer ? La théorie, vous dira-t-on, ne vaut pas la pratique : et, sous ce merveilleux prétexte, on vous empêche de vous perfectionner par le maniement des causes et d'acquérir la pratique. En vérité, s'est là un systéme absolument irrationnel. C'est en forgeant, dit le proverbe, que l'on devient forgeron ; c'est en défendant, dirons-nous, que l'on devient bon défenseur.

Et d'abord, d'où a-t-on tiré ce paradoxe : que la théorie répugne à la pratique ? Si la pratique et la théorie sont en opposition absolue, pourquoi ne pas supprimer les facultés de Droit ? Si les études n'ont d'autres résultats que de faire produire à des principes reconnus vrais de funestes conséquences, démolissez, sans plus tarder, toutes les chaires de l'Université de France ; mais, il sera plus sage, je crois, de reconnaître que les hautes considérations au nom desquelles on s'efforce d'écarter de l'enceinte des tribunaux de commerce, les défenseurs non agréés, ne sont que de piêtres arguments. Pour invoquer de pareilles raisons, il faut vraiment n'en avoir pas d'autres et oublier que le désir d'un particulier ne saurait infirmer la puissance du Code.

Voilà pourtant comment un licencié, un docteur en droit, se verront privés de la faculté que leur donne la loi, de représenter les parties devant la justice consu-

laire ; alors que certains mandataires agréés n'ont pas
même le grade de bachelier ès-lettres et que, parce
qu'ils ont pu disposer d'une certaine somme ou rece-
voir par succession, un cabinet d'agréé, constitué par
le tribunal, en titre d'office, ils jouissent d'une posi-
tion privilégiée illégale. Et voyez quelle contradiction :
Le diplôme de licencié en droit qui suffit, pour se faire
inscrire au barreau et pour donner la faculté de plaider les affaires les plus épineuses, les plus difficiles,
n'est rien pour la justice consulaire. Il ne faut pas
moins de pratique cependant pour bien plaider les
affaires civiles que pour bien défendre les causes commerciales.

Je n'entreprendrai pas de raconter ici les us et cou-
tumes de tous les tribunaux de France ; ce serait chose
impossible, tant les formes dont l'arbitraire revêt le
monopole, sont différentes de tribunal à tribunal,
« Organisés par les tribunaux de commerce seuls,
» sans régles fixes, soumis à l'arbitraire le plus com-
» plet, les agréés ne présentent pas une institution uni-
» forme. Il faudrait donc, en quelque sorte, faire un
» travail particulier pour chaque tribunal qui les ad-
» met. » (Dupin, Réquisitoire du 25 Juin 1850, Cour de
cassation). Il faudrait en outre entreprendre un travail, non moins varié et non moins fastidieux, pour
décrire les différents usages des tribunaux de commerce, qui, sans avoir établi des corps d'agréés, n'en
ont pas moins trouvé mille moyens de violer l'art. 627
du Code de commerce.

Dans ce mémoire, nous nous occupons plus spécia-
lement des agréés, (qui n'existent encore que dans un
tiers environ des tribunaux de commerce) (Rapport de
M. Boinvilliers n° 17. Sénat, séance du 4 mai 1866),
sans oublier toutefois de faire remarquer que les usages, introduits dans la procédure commerciale, nui-

sent, par leur diversité, à la conduite des affaires et sont devenus une source d'embarras incessants. Ces abus sont d'autant plus préjudiciables, qu'en un certain sens, la compétence des tribunaux de commerce, est plus étendue que la compétence des tribunaux de droit commun. Alors que la compétence des tribunaux ordinaires, est déterminée par le domicile du défendeur, la situation de l'immeuble et, dans certains cas, par le lieu du siége des sociétés, la compétence des juges consulaires est réglée par l'art. 420 du Code de procédure, et, suivant que la promesse a été faite et la marchandise livrée à tel endroit, ou le paiement promis sur telle place, le commerçant devient justiciable de tel ou tel tribunal de commerce dont les usages spéciaux et les formes de procédure lui sont quelquefois complétement inconnus ; de sorte que, si, par exemple, par procuration non légalisée, il charge un mandataire de le défendre devant un tribunal qui exige la légalisation, son affaire ne pourra prendre un rang utile au moment voulu.

Encore, s'il était facile de prendre connaissance des réglements des tribunaux de commerce. Mais, vous ne voyez jamais affiché dans la Bourse ou au Palais, que la derniére délibération ; et, si, dans ses considérants ou dans son dispositif, elle rappelle une autre délibération que vous désiriez examiner, soit pour lui obéir, soit pour la signaler à l'autorité supérieure, on vous répond que les exemplaires ont disparu, qu'il n'en existe nulle part. Vous demandez alors l'autorisation de lire la délibération dans le registre du tribunal, c'est en vain. Le greffier se refuse à vous le communiquer, sans la permission du Président, et le Président, à qui vous écrivez, ne vous répond pas. Il semble cependant qu'une délibération qui réglemente la défense devant un tribunal, ne saurait être assimilée à un réglement intérieur. Si ces réglements intérieurs doivent être tenus secrets, juges, ayez un registre secret pour ces réglements ; mais, de grâce, si vous m'imposez une obligation, faites-moi connaître la règle qui me l'ordonne. Puisque vous êtes législateurs, promulguez votre loi.

J'aurais trop à faire si, je voulais entretenir mes éminents lecteurs de toutes les difficultés que les abus des tribunaux de commerce suscitent aux malheureux dédéfenseurs. Les habitudes judiciaires, les réglements changent de place à place, comme les lois variaient autrefois de relai en relai. Marseille n'a pas les mêmes règles que Bordeaux ; le Hâvre suit une procédure différente de celle de Paris ; Toulouse procéde autrement que Lyon ; Rouen n'obéit pas à la loi que la Cour de cassation a fait appliquer à Alger ; et, partout, à Périgueux, à Auch, à Bayonne, dans le midi comme dans le nord, la loi est plus ou moins oubliée.

C'est là une situation anormale dans une République une et indivisible ; le législateur doit l'étudier et user de tous les moyens dont il dispose, pour s'éclairer entièrement sur une question aussi importante.

Il fera bien de consulter les tribunaux de commerce, sans oublier qu'il doit interroger les justiables. Il va de soi, en effet, que les tribunaux qui ont institué des monopoles, ne lui adresseront jamais que des rapports favorables à leur maintien. Telles ne seront pas certainement les dépositions des plaideurs. Ne serait-il pas puéril de demander seulement, à ceux qui commettent des actes illégaux, leur appréciation sur la légalité et l'opportunité de ces actes ; l'enquête doit prendre des proportions plus étendues ; ceux, qui ont à souffrir des excés de pouvoir, doivent avoir la parole, en face de ceux qui se les permettent.

Le Gouvernement, alors même que l'on n'était pas

en république, s'est préoccupé plusieurs fois de cet état
de choses, ainsi que Monsieur le Ministre de la Justice pourra s'en assurer, en ordonnant qu'un rapport
soit dressé à cet égard, par la division compétente de
son ministère.

Il serait intéressant aussi d'examiner comment on
procède devant les tribunaux qui observent la loi et
pourquoi des tribunaux aussi considérables que ceux
du Hâvre, n'ont pas songé à se pourvoir de mandataires
privilégiés ; pourquoi, par exemple, dans certaines
villes, les avoués en exercice et les avocats inscrits au
tableau, sont présentés à la confiance des justiciables.
On se demanderait alors si, dans la loi nouvelle, que
nécessite la confusion des usages, l'admission générale
des avoués et des avocats, ne constituerait pas une
protection suffisante des intérêts de la justice, en em-
pêchant des mandataires trop peu respectables, d'as-
saillir la barre et de la déshonorer.

On pourrait même étendre d'avantage le droit de la
défense ; car, il faut le reconnaître, la pratique des
affaires, est une école d'où peuvent sortir des hommes
utiles et honnêtes.

Dans tous les cas, il n'est point difficile à un legisla-
teur aussi clairvoyant que le législateur français, de
protéger en même temps les défenseurs et les parties,
le droit de chacun et la dignité de la Justice.

La loi qui, repoussant les priviléges arbitraires,
n'accueillera pour la défense que les hommes dignes
de parler à la justice, mais tous avec des droits égaux,
sera une loi bénie de tout le monde et surtout des tribunaux de commerce dont les abus ont été jusqu'à un
certain point, autorisés par le désir d'éloigner de la
barre des hommes d'une moralité plus que douteuse.
Mais, si les tribunaux doivent disposer eux-mêmes
arbitrairement, par voie de réglements généraux aux-

quels ils prêtent force exécutoire, c'est ce que sauront
apprécier le Gouvernement et les Chambres.

Ils diront s'il faut reconnaître et légitimer un droit
que le Garde des Sceaux, la Cour de cassation et les
jurisconsultes ont déclaré usurpé.

Que d'avantages donnerait au pays la loi que nous
réclamons, et, comme elle pourrait accélérer encore,
sans la compromettre, la marche de la procédure commerciale!

J'en signale un au hasard. Combien ne simplifierait-
on pas, par exemple, le travail du greffe, en attri-
buant à la remise des pièces aux défenseurs, offrant des
garanties rassurantes de moralité et de capacité, la
présomption du mandat de défense ? La seule remise
des pièces, suppléerait ainsi au pouvoir, dont les droits
d'enregistrement seraient perçus dans les jugements.
Plus de légalisation gênante et quelquefois impossible,
moins de travail pour l'enregistrement et pour le
greffe, économie de temps pour la société, sans dimi-
nution de sécurité, tels sont les avantages qui décou-
leraient tout d'abord, de cette facile réforme, sans
compter que ce mode de procéder, ferait produire au
Trésor des sommes importantes ; car, dans une foule
de tribunaux, on tolère, dit-on, l'existence de pouvoirs
généraux et, dans quelques-uns, l'absence totale de
pouvoir. On objectera qu'une pareille innovation ne
tendrait au contraire à rien moins qu'à priver le fisc
de gros revenus, en dispensant des droits de l'enregistrement du pouvoir tous ceux qui feraient mettre leur
affaire hors du rôle. Ce serait là une perte largement
compensée pour la société, par le nouvel intérêt qu'au-
raient les plaideurs à se concilier. Nul, assurément,
n'oserait prétendre que la loi qui offrirait aux parties,
un nouveau motif de ne pas persister dans leur entête-
ment, ne serait pas une excellente loi. Mais, si ces con-

sidérations toutes puissantes étaient trop faibles encore pour décider les chambres, à statuer sur les questions intéressantes que nous avons l'honneur de leur soumettre, à coup sur, elles ne pourront rester sourdes aux éloquentes paroles que je vais emprunter au procureur général Dupin, et, après les avoir entendues, elles s'empresseront tout au moins de rappeler la justice du commerce, à l'application de la loi qu'elle est chargée de sanctionner.

Le procureur général Dupin, dans des termes devenus célèbres, a formulé sur l'institution des agréés une opinion qu'il est impossible de ne pas partager. Il s'agissait d'annuler des délibérations du tribunal d'Alger, qui avait institué des agréés.

Dans son réquisitoire écrit, le procureur général disait : « Les délibérations, déférées à la Cour, violent
» le principe écrit à l'art. 5 du Code civil, portant qu'il
» est défendu aux juges de prononcer par voie de disposition générale et réglementaire; ces délibérations ont
» évidemment ce caractère. Ce sont des dispositions
» générales, puisqu'elles s'étendent à tous les justicia-
» bles qui se serviront du ministère d'agréés près le
» tribunal de commerce. Ce sont des dispositions
» réglementaires, puisqu'elles organisent une corpora-
» tion et réglementent les émoluments et les frais dûs
» aux agréés ». Et dans un autre passage : « Les tarifs
» dont la justice doit surveiller et sanctionner l'exécu-
» tion par ses décisions, sont des réglements de haute
» administration, que le législateur lui-même assimile
» à des lois. En effet, l'art. 1042 du Code de procé-
» dure porte : Il sera fait, tant sur la taxe des frais
» que pour la police des tribunaux, des réglements
» d'administration publique. Dans trois ans, au plus
» tard, les dispositions de ces réglements qui contien-
» draient des mesures législatives seront présentées au

» Corps législatif, en forme de loi. N'est-il pas évident
» que ce droit de réglementer les frais, qui n'appar-
» tient pas aux tribunaux civils, appartient encore
» moins aux tribunaux de commerce ».

Dans son réquisitoire oral, Dupin, après avoir cri-
tiqué les abus commis par les tribunaux de commerce,
s'écriait : « On ne peut tolérer qu'un pareil état de
» choses subsiste et se perpétue par la seule autorité
» des tribunaux qui, en cela, usurpent le pouvoir régle-
» mentaire qui leur est interdit et excèdent manifes-
» tement leurs pouvoirs. C'est ce qu'on reconnaîtra
» manifestement quand on voudra l'examiner pour la
» France. C'est dans l'affaire présente, ce qui est
» manifesté pour l'Algérie ».

Ce jour là, la cause de la loi, fut gagnée et les délibérations du tribunal d'Alger, invalidées.

Eh bien, aujourd'hui, nous demandons d'examiner
la question pour la France et nous sommes convaincu que la solution donnée, le 25 juin 1850, par l'arrêt de la Chambre des requêtes, sera proclamée bien
jugée et applicable aux délibérations de tous les tribunaux français.

Veut-on connaître maintenant l'opinion d'un juris-
consulte non moins autorisé ? Veut-on savoir ce que
le président Bonjean pensait de l'institution des agréés ?
Que l'on écoute les non moins et éloquentes paroles
qu'il fit entendre au Sénat, dans la séance du 30 avril
1862 : « En théorie, sans doute, reste toujours cette
» différence capitale que le ministère de l'avoué est
» nécessaire, tandis que celui de l'agréé est facultatif ;
» mais, en pratique, cette différence n'a point grande
» valeur ; car, les choses sont arrangées de telle façon
» que bien peu de plaideurs oseraient se passer
» d'agréés et se faire représenter par des mandataires
» pris hors de cette corporation ».

« D'un côté, il pourrait craindre que ces représen-
» tants ne fussent point agréables ; et quel plaideur
» serait assez fou pour s'exposer à déplaire à son
» juge » ?

« D'un autre côté, le mandataire non agréé reste
» soumis à toutes les rigueurs des formalités légales :
» son pouvoir doit être spécial, la signature du man-
» dant doit être légalisée; et, chacun sait combien, pour
» les parties domiciliées à une certaine distance, à
» l'étranger surtout, la légalisation entraîne de frais
» et de lenteur : il faut enfin que le pouvoir soit déposé
» entre les mains du greffier, qui en contrôle la régu-
» larité en la forme et au fond. Toutes ces formalités
» si gênantes, souvent si difficiles à remplir dans la
» rapide procédure des tribunaux de commerce, sont
» épargnées aux plaideurs bien avisés qui prennent un
» agréé ; car l'agréé n'a pas besoin de pouvoir spécial ;
» son titre lui en tient lieu ; il suffit que, comme l'a-
» voué, il soit porteur des pièces de son mandant.

» Sans qu'il soit nécessaire d'entrer dans de plus
» amples détails, vous comprenez facilement, Mes-
» sieurs, qu'il doit se rencontrer fort peu de plaideurs
» assez puritains pour se prévaloir du droit que la loi
» leur accorde incontestablement de choisir leurs re-
» présentants en dehors du corps des agréés.

» Tout cela est-il légal ? non assurément ; et le seul
» embarras que j'éprouve est d'énumérer les illéga-
» lités, qui se pressent, comme à l'envie, dans l'ins-
» titution des agréés, telle qu'elle est constituée dans
» la plupart de nos tribunaux de commerce ; il suffit
» en effet d'y jeter les yeux un seul instant pour y
» découvrir :

» Premier excès de pouvoir de la part des juges :
» car, au pouvoir exécutif et même, sous certains rap-
» ports, au pouvoir législatif seul appartient le droit

» de créer des corporations de représentants judi-
» ciaires ;

» Deuxiéme excés de pouvoir : violation de l'art. 5
» du Code, en ce que, en imposant aux agréés, un ser-
» ment professionnel, les juges statuent par voie ré-
» glementaire et générale ; ce qui leur est formelle-
» ment interdit ;

» Troisiéme excés de pouvoir : violation des art. 258
» et 259 du Code pénal, en ce que ces mêmes tribu-
» naux autorisent le port spécial d'un costume non
» autorisé par la seule autorité qui soit investie d'un
» tel droit ;

» Quatriéme excés du pouvoir : dans l'établisse-
» ment des tarifs ;

» Cinquiéme excés de pouvoir : violation des arti-
» cles 414 et 421 du Code de procédure et des lois sur
» le timbre et l'enregistrement, en ce que les agréés
» sont dispensés du pouvoir spécial, imposé par la loi
» a quiconque représente une partie, devant la juridic-
» tion consulaire ;

» Sixiéme exeés de pouvoir : en ce que le tribunal
» se réserve le droit de réprimander et de révoquer
» les agents qui, aux yeux de la loi, ne peuvent être
» que des mandataires librement choisis par les par-
» ties ;

» Septiéme. excés de pouvoir : dans l'interdiction
» faite aux agréés d'être syndics dans les faillites.

» Inutile de pousser plus loin cette énumération ;
» qu'il me suffise de rappeler que, chaque fois que la
» Cour de cassation a été saisie de quelques-unes de
» ces questions, elle n'a point hésité à annuler les dé-
» libérations des tribunaux de commerce, qui lui
» étaient dénoncées. (Arrêt du 19 juillet 1825 et du
» 25 juin 1850.)

» Toutes ces illégalités doivent-elles être tolérées ?

» Nul assurément n'oserait le prétendre. C'est toujours
» chose fâcheuse dans un pays, de voir les lois éludées
» ou méconnues. C'est toujours un mal grave, surtout
» quand le fait émane de ceux-là mêmes qui ont pour
» mission d'appliquer les lois et de les faire respecter...

» L'état actuel ne saurait en tous cas, être plus long-
» temps toléré ; nous ne saurions, en effet, souffrir
» que les principes les plus essentiels de notre droit
» public, ceux qui touchent à la division des pouvoirs,
» continuent à être méconnus par nos tribunaux de
» commerce ; les agréés doivent désirer sortir de cette
» situation équivoque qui leur fait aux yeux du bar-
» reau, une profession sans caractère légal, qui semble
» les ranger dans la classe décriée des agents d'af-
» faires.

» En demandant que la question soit examinée, vo-
» tre Commission n'entend du reste rien préjuger,
» hormis un seul point très-capital à ses yeux ; à sa-
» voir que, quelque soit le caractère légal qui pourra
» être donné aux fonctions d'agréé, le gouvernement
» se garde bien de retomber dans la faute si grave
» commise en 1816 et que, sous aucun prétexte, ni
» dans aucune mesure, le règlement à intervenir ne
» reconnaisse à ses charges nouvelles, le privilége de
» la vénalité, qu'il faut bien respecter, là où il existe
» de par la loi, mais qu'il faut bien se garder d'éten-
» dre, là où le terrain est encore libre. » (Extrait du
Moniteur universel du 1er mai 1862.)

Avec de tels défenseurs nos conclusions seront certainement adoptées et chacun de vous, Messieurs, est
déjà convaincu de l'illégalité des agréés. Mais quelques-uns hésiteraient peut-être encore devant l'application d'une solution d'ailleurs inévitable, en s'ima-
ginant que les agréés ont des droits acquis par une
longue tolérance. Je dirai d'abord que, outre que l'au-

torité supérieure ne les a jamais agréés mais toujours absolument méconnus, la tolérance ne constitue jamais un droit.

C'est là un principe de droit fondamental, aussi bien pour le droit administratif que pour le droit privé.

Aux agréés qui se plaindraient de leur suppression, on pourrait répondre : c'est déjà beaucoup de vous avoir tolérés aussi longtemps. On vous a supportés 40, 50, 60 ans de plus que l'on ne devait. De quoi vous plaignez-vous ?

Examinons toutefois cette question avec plus de détails. Elle en vaut la peine. C'est une question de propriété.

Les mandataires des priviléges de qui je demande la suppression, vont crier à l'injustice. A les entendre, on croira qu'on les dépouille, qu'on les exproprie; car, ils répéteront sans cesse qu'ils ont acheté, à chers deniers, leur cabinet et leur titre ; que l'on doit les maintenir dans leur propriété. Mais, la conscience du législateur ne se laissera guère émouvoir par leurs doléances, quand il se rappellera l'origine, je ne dis pas de ces propriétés, mais de ces possessions de charge.

Les agréés ont acheté à des non-propriétaires. Leurs charges n'ont jamais existé en tant qu'office. Ce qu'ils ont payé, c'est la clientèle de leurs cabinets d'affaires, clientèle que leur capacité et leur talent seuls leur garantissaient pour l'avenir, clientèle qu'ils pourront conserver même après la suppression de leurs prérogatives illégales ; car, elle ne diminuera en rien, ni leur science, ni leur pratique des affaires.

Eh quoi ! leur répondra-t-on, vous criez à la spoliation, vous dont les priviléges ne sont constitués que par la confiscation des droits, de la propriété d'autrui ; car c'est une propriété que celle du droit de défense, consacré et protégé bien inutilement hélas jusqu'à ce jour par l'article 627 du Code de commerce ! Qui vous doit quelque chose ?

Les pauvres défenseurs que vous avez dépouillés ? Il serait étrange que pour être indemnisés du préjudice que va vous causer l'application d'une loi équitable, vous vous adressiez à ceux dont vous avez usurpé les droits ; il serait par trop plaisant de vous faire rembourser par les mandataires non privilégiés, leur vendant ainsi ce que vous leur avez pris et leur faisant acheter et payer leur propre propriété.

Les tribunaux de commerce qui vous ont institués vous doivent-ils quelque chose ?

Ah ! ne leur reprochez pas de vous avoir octroyé plus qu'ils ne pouvaient, permis plus qu'ils ne devaient. Au surplus, ils ne vous ont rien vendu, et, le seul prix qu'aient eu à payer les premiers titulaires de vos monopoles, n'a pu être qu'un tribut de reconnaissance. Vos prédécesseurs vous ont vendu ce qu'ils n'avaient pas acheté, et vous l'avez payé. Tant-pis pour vous. Personne ne peut donner ce dont il n'est pas propriétaire. Des hommes de loi ne devaient pas faire si bon marché d'un principe de justice et de bon sens.

Au moins, ne trouvez pas étonnant que tout le monde ne veuille pas imiter votre exemple. D'abord, tout le monde n'est pas obligé d'avoir des milliers d'écus, et, ceux qui les possèdent, seraient bien naïfs d'en faire le même emploi que vous. Vous avez maintenant des charges à vendre, et nous, nous n'avons pas besoin de vous les acheter.

Que n'avez-vous fait comme nous? Vous jouissiez des mêmes droits : vous avez préféré vivre d'illégalités et de privilèges. Supportez les inconvénients de ces privilèges et de ces illégalités. Ce ne sera qu'une mince compensation aux avantages que vous en avez retirés.

Les avocats à la Cour de cassation, les notaires, les avoués, les greffiers, les huissiers, les agents de change, les courtiers, les commissaires priseurs, eux, détiennent leurs offices du Gouvernement ; ils en sont propriétaires ; et l'État ne pourrait, sans injustice supprimer leurs charges, sans leur en rembourser la valeur. Que leur droit de propriété repose sur l'office lui-même, ou qu'il consiste dans le droit de présenter un successeur, peu importe ; ils sont propriétaires de ce que l'État leur a solennellement garanti. Mais vous, vous n'êtes que des citoyens agréés par d'autres citoyens. L'autorité gouvernementale et législative ne vous a jamais reconnus. Vous n'êtes rien, en droit, que les possesseurs d'un néant juridique. Vous ne pouvez même pas invoquer la prescription trentenaire des possesseurs de mauvaise foi ; car, tolérés bien qu'intolérables, vous n'avez été que tolérés. Au reste, votre prescription eût été maintes et maintes fois interrompue par les instances si souvent introduites contre vous, devant la Cour de cassation et devant le législateur. Si vous n'avez pas réfléchi à tout cela, si vous ne l'avez pas compris, rappelez-vous que nul n'est sensé ignorer la loi. Il faut pourtant que vous le compreniez aujourd'hui.

Telle sera la réponse que feront, aux lamentations des détenteurs de monopoles illégaux, l'opinion publique et le législateur.

Et ce sera justice.

Celui qui n'en peut mais, ne saurait être en effet responsable des mauvais placements, des spéculations hasardeuses, de l'administration mal comprise et imprévoyante de ceux qui se sont installés à son préjudice, dans des monopoles peu solides. A eux seuls incombe la responsabilité de leurs combinaisons téméraires. Jusqu'à ce jour, d'ailleurs, et pendant trop longtemps, les agréés ont retiré assez de profit d'une situation illégitime.

Ceux que leurs priviléges ont écartés de la barre, seraient en droit de leur demander des dommages et intérêts, en vertu des art. 1382, 1383 du Code civil. Ils ne leur réclament rien; mais au moins, faut-il que tout le monde, les agréés eux-mêmes, reconnaissent qu'en rétablissant les mandataires dépossédés dans la plénitude de leurs droits, on leur rend en bonne justice ce qui leur est dû, ce qui leur appartient.

Les défenseurs des priviléges invoqueront peut-être l'usage.

Contre la loi, l'usage ne prévaut pas. Il ne peut faire qu'une chose injuste devienne juste, que mon droit cesse d'être le mien.

La loi d'ailleurs a eu déjà plusieurs fois raison des usages arbitraires introduits dans la procédure près les tribunaux de commerce. C'est ainsi que la Cour de cassation a réprimé les excès des tribunaux de Marseille, Gray, Sarlat et Alger.

C'est ainsi qu'en 1871 il a été enjoint au tribunal de commerce de Bordeaux, de retirer les autorisations de pouvoirs généraux qu'il avait accordées à certains mandataires et d'exiger pour chaque affaire le pouvoir spécial ; c'est ainsi qu'à Bordeaux encore, à la suite d'une plainte portée par les avoués, les agréés appliquèrent sur leurs costumes, des plastrons violets qu'ils ne tardèrent pas d'ailleurs à en détacher.

C'est que la continuité d'un délit, d'une infraction ne les légitime pas. Rappeler ce principe, c'est réfuter, en bloc et sans réplique, tous les arguments tirés des usages.

Maintenant, au point de vue du droit civil, la question des agréés est jugée, les textes repoussent cette institution. Elle viole la loi.

Examinons en quelques mots notre sujet à la lumière des principes économiques et politiques ; voyons ce que l'on doit en penser en ce qui concerne la liberté du travail.

Dans le mécanisme de la Société, le travail intellectuel exerce, à côté du travail manuel, une action puissante. Grâce au concours de ces deux actions, le mouvement et la vie circulent dans l'être social. N'est-ce pas dire qu'après la liberté du travail manuel, doit se lever la liberté tout au moins aussi respectable du travail intellectuel ; qu'en face de la libre concurrence dans l'industrie et dans le commerce, doit s'exercer la libre concurrence de l'activité de l'esprit? Certes, il faut exiger des hommes qui doivent défendre la loi, l'honneur et la propriété des citoyens, des garanties d'honnêteté et de capacité, comme on en demande à ceux qui se livrent à la pratique de la médecine ; mais, ces garanties ne sauraient être exclusives : dès qu'elles deviennent monopoles, elles cessent d'être sociales ; car, les priviléges ne garantissent guère que les privilégiés. Si, à Bordeaux, pour citer encore l'exemple de cette ville, on a trouvé six hommes capables d'étudier et de plaider les affaires commerciales et qu'il y en ait cinquante, n'est-il pas utile pour tous, que ceux-là aussi étudient et plaident les affaires. Quoi ! désormais, suivant les villes, il ne peut plus y avoir que quinze, huit ou six hommes de loi s'adonnant à l'étude et à la plaidoirie des affaires commerciales, et c'est là une garantie pour les intérêts d'une grande place de commerce? qui oserait le soutenir? qui pourrait le croire? et pourtant, que signifient ces six agréés de Bordeaux, sinon que, dans cette grande cité, les places à acheter, sont au nombre de six et qu'on ne peut vendre du droit que pour 600 ou 700,000 francs ? Etudiez, subissez des examens et des épreuves, travaillez pendant cinq ans, six ans, sept ans, faites, après cela, de la procédure, rompez-vous à la pratique, familiarisez-vous avec les affaires et les audiences, afin d'essayer de vous rendre dignes de la confiance et des mandats des plaideurs, vous aurez perdu votre temps si vous ne possédez déjà 100,000 francs, pour acheter le droit de postuler à la barre commerciale. Et c'est là de la justice? et c'est là de l'égalité? que deviennent les principes? ils portent le numéro 627 d'un article violé et voilà tout.

Dans une pareille subversion, la propriété n'a plus de bases solides, l'arbitraire la confisque et la partage entre ses créatures. Il ne respecte même pas les droits illégaux qu'il établit. On a vu des monopoles retirés sans compensation à leur bénéficiaire ; un défenseur nommé agréé dont on a annulé la charge, le jour où il a voulu la transmettre ; des défenseurs désignés et écartés par le caprice des influences et les surprises des intrigues. On a vu des choses inouies.

A côté des défenseurs vraiment agréés, il n'est pas rare de trouver des défenseurs à qui le tribunal accorde certaines indulgences qui seraient des passe droits, si les agréés avaient droit à quelque chose et si les défenseurs non agréés n'avaient pas droit à plus encore. Mais ces faveurs, dispensées avec tant de parcimonie, finissent par peser à leurs titulaires eux-mêmes, tant elles sont précaires et personnelles. A-t-on concédé à un mandataire l'octroi de quelques facilités? L'a-t-on, par exemple, autorisé à faire inscrire ses affaires au rôle sans légalisation préalable des pouvoirs, sauf à les faire légaliser avant la plaidoirie? Ce n'est là qu'une prérogative viagère qui n'est point continuée au successeur du favorisé.

Aussi, qu'arrive-t-il ? Lorsque ce mandataire, après avoir réussi à créer un cabinet important, à se faire une clientèle par un exercice de 20, 30 années de labeur, désire se retirer des affaires et céder, comme il entend, son cabinet, il ne peut confier à personne la suite de ce cabinet, dont la clientèle se partage entre les agréés, héritiers nécessaires et illégitimes de toutes les dépouilles des malheureux défenseurs.

Mais il peut aussi arriver autre chose : c'est que, fort de sa conscience et appuyé sur la loi, le successeur déshérité revendique, non plus cet héritage déjà si mince et si précaire, mais tous ses droits et toute sa propriété ; et alors, la cause qu'il plaide n'est plus la sienne, c'est la cause de tous ; c'est la cause de la loi et de la liberté. Il se trouve ce jour-là dans une situation particulièrement avantageuse, en face des bénéficiaires des monopoles ; car, pendant que ceux-ci ne peuvent défendre que leurs intérêts personnels, il plaide, lui, la cause de tout le monde.

De tels procès sont gagnés, même par les moins habiles ; car, l'équité, la loi, l'intérêt général parlent pour eux. Avec de si bons avocats, on ne craint pas les hommes d'affaires et de procédure. Et le temps vient enfin où les plus puissants sont bien faibles.

Mais sous l'empire, il ne suffisait pas de signaler les abus pour en obtenir la répression. Il n'en sera pas de même sous la République, je puis l'assurer aux agréés de toutes couleurs qui se drapent avec tant de fierté dans leurs privilèges.

Des esprits subtils ont imaginé de soutenir que le législateur ne pouvait atteindre les mandataires privilégiés, parce qu'ils n'ont aucune existence légale. Autant vaudrait déclarer la loi impuissante à réprimer les faits illégaux ; car, eux non plus n'ont jamais d'existence légale ; autant vaudrait décider que les corporations illicites ne sont pas hors la loi, mais hors de l'atteinte de la loi. Ceci n'est pas sérieux. On fait justice de cette argutie en répondant : non seulement les agréés n'ont pas d'existence légale, mais ils ont une existence anti-légale; et, à ce dernier chef, leur situation illégale relève du droit et appelle la sanction de la loi.

La loi, en effet, ne saurait, sans gravement compromettre son autorité, laisser subsister plus longtemps un véritable scandale, bien. fait pour démoraliser le peuple et discréditer la Justice. Permettre ainsi à des juges de faire litière des principes du droit, de donner l'exemple de la désobéissance, quand ils la punissent dans leurs décisions, n'aboutirait à rien moins qu'à affaiblir la confiance dans la loi et dans les tribunaux; car, d'un côté, on se demanderait pourquoi les juges ne font pas ce qu'ils prescrivent, et, d'un autre, on craindrait que la loi, violée publiquement par eux sur un point, ne le fut quelquefois dans le secret de leur conscience.

Il ne sera point déplacé d'ajouter à toutes les observations que nous venons de faire, quelques réflexions sur les inconvénients et les dangers que l'institution des agréés, engendrerait une fois reconnue, si les tribunaux de commerce n'étaient pas composés d'hommes absolument intègres. Je prie instamment mes puissants et équitables lecteurs de ne point voir, dans les paroles qui vont suivre, une insinuation malveillante à l'adresse des juges consulaires. Dieu merci, leur dignité est au-dessus de tout soupçon. Mais dans une matière où tous les principes sont violés, ne convient-il pas de considérer attentivement quelles pourraient être les conséquences naturelles des illégalités? Surtout, n'est-il pas urgent, au moment où l'on invite le législateur à affirmer sa volonté, de la prémunir contre les résultats fâcheux auxquels aboutirait la consécration légale de certains usages funestes ? Eh bien, dirons-nous : Ce serait une prérogative dangereuse, que celle qui donnerait à un tribunal le droit de désigner à la confiance du public les mandataires, et de les habiliter à la défense. Le défenseur, ainsi agréé par un tribunal, serait l'homme, le fonctionnaire de ce tribunal. Jusqu'à un certain point, le magistrat plaiderait le procès sur lequel il aurait à statuer et deviendrait juge dans sa propre cause. Malgré leur ferme volonté d'être impartiaux, les hommes qui ont agréé un autre homme publiquement, quasi-officiellement, le tiennent pour un des leurs; et, par un amour inconscient, mais inséparable de la nature humaine, le regardent d'un œil favorable, surtout, quand il se trouve devant eux en présence d'un autre homme à qui ils ont refusé leur patronage.

Si donc, bien que nous soyons d'un avis contraire, le choix des mandataires devait être laissé à l'appréciation personnelle de quelqu'un, ce ne serait point à celle des tribunaux. Je sais des juges qui reconnaissent la justesse de cette remarque. Les juridictions consulaires qui persisteraient a revendiquer cette mission se laisseraient aveugler par un instinct autocratique que la loi doit contenir et réprimer. Le législateur fera plus sagement de n'exiger que des conditions et des garanties générales d'âge et de capacité. Ce sont là des garanties protectrices dont il faut bien reconnaître la nécessité, sous peine de compromettre les intérêts souverains de la justice; mais, sauf cette réserve, dans laquelle on ne saurait voir une exclusion barbare, donnez à la défense une liberté complète, la liberté du droit, la liberté du devoir. Détruisez l'arbitraire. « De l'équité des parlements délivrez-nous Seigneur! » disaient les pauvres plaideurs sous l'ancienne monarchie. Des investitures facultatives et révocables, délivrez-nous, Sénateurs et Députés; faites respecter les articles 5 et 545 du Code civil, l'article 627 du Code de commerce, les articles 414, 421 et 1042 du Code de procédure, les articles 258 et 259 du Code pénal ; et, s'ils ne sont pas suffisants pour sauvegarder la propriété et le droit, réformez-les.

S'il est prudent et humain d'arracher des mains de l'agent d'affaire véreux, un client inexpérimenté et confiant, exigez du défenseur des qualités sérieuses, des titres d'aptitude ; mais, que tout citoyen, possesseur de ces qualités, muni de ses titres, puisse, à moins d'une déchéance expresse, judiciairement prononcée en présence du Procureur de la République, exercer, en toute liberté, le droit de postuler pour les parties. Ne cherchez pas à réglementer au-delà de ces larges limites ; ne vous préoccupez pas plus qu'il ne faut des autres questions. Laissez-les se régler entre mandataires et clients. Dès l'instant où les garanties seront suffisantes, il ne s'agira plus pour les plaideurs, que de choisir entre les défenseurs les plus consciencieux et les mieux exercés. Ne vous inquiétez pas du choix qu'ils feront ; ils seront trop soucieux de leurs intérêts pour les placer sous la sauvegarde des moins capables.

Resterait cependant encore un danger et celui-là n'est pas, je crois, à redouter. C'est celui qui résulterait de l'application abusive de l'article 428, qui donne aux juges consuls, la faculté d'ordonner, même d'office, que les parties seront entendues en personne. En imposant ainsi la comparution chaque fois qu'une partie prendrait tel mandataire qui lui serait peu agréable, le tribunal pourrait le paralyser complétement ; car, la chose une fois remarquée des plaideurs, ceux-ci se garderaient bien d'aller trouver le pauvre mandataire. Mais, ce serait là croire les tribunaux de commerce capables de persécuter celui qui aurait le malheur de leur déplaire. Cela ne s'est jamais vu, je pense, et n'est point à craindre. Perfectionner l'article 428 serait du reste, peut-être, impossible; car, on ne peut refuser à un juge le moyen de s'édifier sur les procès. Mais, il faut le reconnaître, l'article 428 est une arme que l'arbitraire peut manier avec une grande facilité ; si bien, que j'en ai déjà été menacé par quelqu'un, qui, je m'empresse de le dire, ne porte pas la robe de juge.

Ce sera là notre dernière observation.

Nous avons démontré que le monopole des agréés et les usages si dissemblables et quelquefois si contradictoires des tribunaux de commerce, sont contraires à la loi, à l'unité de législation, à la distinction des pouvoirs, à la logique, à l'égalité des citoyens, à la propriété, à la liberté du travail, à l'équité, aux intérêts du trésor, à la rapidité de la procédure commerciale, à la morale publique, au respect de la justice ; que leur suppression ne lèse aucun droit, favorise la liberté et le progrès ; qu'il nous soit permis en terminant, de rappeler les conclusions que nous avons annoncées au début de ce mémoire.

Nous demandons, au nom de la loi et de la justice, que toutes les délibérations prises par les tribunaux de commerce, dans le but de créer un corps d'agréés, de régler leur nombre, leur costume, leur serment, leur régime disciplinaire, leur tarif, la dispense de la légalisation de leurs pouvoirs, la vénalité de leurs charges, ou d'établirdes priviléges contraires à la loi, soient déclarées nulles, comme constituant un empiétement sur les droits de l'autorité administrative, nulles, comme ayant le caractére des décisions générales et réglementaires ; et, que le législateur, après avoir proclamé leur nullité, prenne des mesures énergiques, afin qu'elles demeurent sans effet, tant qu'une loi nouvelle, ne leur aura pas donné, une valeur juridique; si toutefois il est permis de légitimer des abus déplorables.

Et, dans le cas où le législateur jugerait utile, non plus de confirmer la loi actuelle, mais de la modifier, nous proposons :

1° Que tout au moins les licenciés en dro.., ayant fait leur stage d'avocats, soient admis à la défense devant les tribunaux de commerce ;

2° Que la simple remise des pièces au défenseur constitue à son égard présomption d'une procuration dont les droits seraient perçus dans les jugements ;

3° Que ces droits soient également perçus sur le pouvoir verbal de la partie assistant le mandataire à l'audience.

Notre tâche est remplie. Maintenant, juges souverains, nous attendons votre sentence ; et, bientôt, nous en avons la certitude, nous bénirons enfin des réformes depuis longtemps attendues.

Gustave CRUCHON.

Bordeaux. — Imprimerie de veuve PECHADE, 12, rue du Parlement-Saint-Pierre.

www.ingramcontent.com/pod-product-compliance
Lightning Source LLC
LaVergne TN
LVHW020625180726
843502LV00006B/1875